Sebastian Mielke

Bankenregulierung nach der Finanzkrise

Die Auswirkungen des neuen Regelwerks auf die Geschäftstätigkeit deutscher Genossenschaftsbanken

Bibliografische Information der Deutschen Nationalbibliothek:

Die Deutsche Nationalbibliothek verzeichnet diese Publikation in der Deutschen Nationalbibliografie; detaillierte bibliografische Daten sind im Internet über http://dnb.d-nb.de abrufbar.

Impressum:

Copyright © Studylab 2018

Ein Imprint der Open Publishing GmbH

Druck und Bindung: Books on Demand GmbH, Norderstedt, Germany

Coverbild: Open Publishing | Freepik.com | Flaticon.com | ei8htz

Inhaltsverzeichnis

Abkürzungsverzeichnis

BaFin	Bundesanstalt für Finanzdienstleistungsaufsicht
CRR	Capital Requirements Regulation
ESA	European Supervisory Authorities
EZB	Europäische Zentralbank
Fed	Federal Reserve Bank
PA	Principal-Agent
MaRisk	Mindestanforderungen an das Risikomanagement
NIÖ	Neue Institutionenökonomik
o.J.	ohne Jahresangabe
SolvV	Solvabilitätsverordnung
SSM	Single Supervisory Mechanism
WpHG	Wertpapierhandelsgesetz

Abbildungsverzeichnis

1 Einleitung

Die vorliegende Arbeit hat das Ziel, die nach der Finanzkrise von 2008 beschlossenen Regulierungsmaßnahmen für das Finanzwesen darzustellen und die Auswirkungen der Regulierung und Compliance auf die Geschäftstätigkeit deutscher Genossenschaftsbanken zu analysieren und zu bewerten. Da zwischen Finanzkrise und Regulierungsmaßnahmen ein enger Zusammenhang besteht, werden zunächst kurz Auslöser, Verlauf und Folgen der Krise dargestellt. Anschließend wird die Regulierungsproblematik in eine moderne volkswirtschaftliche Theorie – die NIÖ – eingeordnet. Da eine detaillierte Darstellung und Erläuterung sämtlicher Regulierungsmaßnahmen den begrenzten Umfang dieser Arbeit weiter übersteigen würde, werden in einem nächsten Schritt schwerpunktmäßig vor allem die für die anschließende Analyse wesentlichen Einzelmaßnahmen herausgestellt und nach ihren Zielsetzungen geordnet. Anschließend wird analysiert, in welcher Form und in welchem Ausmaß die jeweiligen Regulierungsmaßnahmen die Geschäftstätigkeit und Compliance deutscher Genossenschaftsbanken positiv oder negativ beeinflussen.

Der Schlussabschnitt enthält neben der Zusammenfassung der Auswirkungen, die die bisher in Kraft getretenen regulatorischen Maßnahmen auf die deutschen Genossenschaftsbanken gehabt haben, einige Hinweise auf die Überlegungen, die zurzeit vom Baseler Ausschuss für Bankenaufsicht diskutiert werden.

2 Finanzkrise

Auslöser für die Finanzkrise, die im Jahr 2008 einsetzte und zunächst den Bankensektor und anschließend die gesamte Weltwirtschaft erfasste, war die Immobilienkrise in den USA.

Der Häusermarkt in den USA erlebte in den Jahren vor der Krise einen ungewöhnlichen Aufschwung. Dieser wurde zu einem erheblichen Teil durch das niedrige Zinsniveau und die dadurch verfügbare Liquidität angetrieben. Zwischen Anfang 2001 und Mitte 2003 hatte die Fed den Leitzins von 6,5% auf 1% gesenkt. Erst im Juni 2003 begann sie mit behutsamen Zinserhöhungen.

Wer noch kein Wohnungseigentümer war oder sich eine neue Immobilie zulegen wollte, nutzte das Angebot zinsgünstiger Darlehen. Durch die gestiegene Immobiliennachfrage kam es zu erheblichen Preiserhöhungen auf dem Häusermarkt.[1]

Von der Hoffnung auf immer weiter steigende Immobilienpreise angetrieben, ließ sich der Bankensektor von der Marktstimmung mitreißen und vergab Hypothekendarlehen in Milliardenhöhe. Teile der Darlehen waren mit einer variablen Verzinsung ausgestattet; andere Finanzierungsformen erforderten über die Laufzeit hinweg nur Zinszahlungen und wurden erst mit Ablauf der Finanzierungsdauer fällig. Nicht selten wurden Finanzierungen von über 100% des Immobilienwertes gewährt. Einige Anbieter finanzierten Immobilien sogar ohne jegliches Eigenkapital des Käufers. Das geringe Zinsniveau wurde von einigen Immobilienbesitzern zusätzlich dazu genutzt, ihre Häuser zu beleihen und damit andere Ausgaben zu finanzieren.

Selbst Schuldnern mit geringer Bonität wurden Kredite genehmigt („Subprime Mortgages").

Die mit einer derartigen Form der Kreditvergabe verbundenen Risiken traten für die Gläubiger und Schuldner in den Hintergrund oder wurden bewusst in Kauf genommen.

Die Immobilienblase platzte, als infolge der dynamischen Bautätigkeit das Angebot an Häusern die Nachfrage deutlich zu übersteigen begann. Der beginnende Anstieg der Zinsen brachte zahlreiche Hausbesitzer, vorrangig die Schuldner von

---

[1] Betrachtung des Case-Shiller Home Price Index. Dieser wird von Standard and Poor's berechnet und spiegelt die Preisentwicklung am US-Immobilienmarkt wider. Dieser stieg von 100 Punkten im Jahr 2000 auf sein Allzeithoch von 189,93 Punkten im Juni 2006.

variabel verzinsten Darlehen, in Zahlungsschwierigkeiten. Die Zahl der Kreditaus-fälle im Subprime-Segment stieg. Die Immobilienpreise sanken und setzten die Aktienkurse von Unternehmen aus dem Baugewerbe stark unter Druck. Da die amerikanische Wirtschaft stark vom privaten Konsum abhängig ist, begannen sich viele Aktionäre Sorgen um die Konjunktur zu machen.

Diese negative Entwicklung setzte eine Kettenreaktion in Gang, die die gesamte Finanzbranche erfasste. Zunächst gerieten die Gläubiger der Subprime-Hypotheken unter Druck, da diese wiederum Schwierigkeiten hatten, an neue Li-quidität zu gelangen. Dies hatte zur Folge, dass einige Hypothekenanbieter Insol-venz anmelden mussten. Nach einer kurzen Phase der Beruhigung, getragen von der Hoffnung, die Krise am Hypothekenmarkt werde sich auf das Subprime- Seg-ment beschränken, setzte sich die Kettenreaktion fort.[2]

Kredite waren in Form von Asset Backed Securities[3] oder Hypothekenpfandbrie-fen gebündelt und handelbar gemacht worden. Dies hatte zur Folge, dass die ur-sprünglichen Herausgeber der Finanzierungen Risiken aus ihren Bilanzen ausla-gern konnten. Somit waren die Inhaber derartiger Wertpapiere - Investmentban-ken, Pensionsfonds, Banken oder Versicherungsgesellschaften - ebenfalls von den Folgen der Krise betroffen.

Die geringe Transparenz dieser Wertpapiere und die steigende Unsicherheit über die Wertmäßigkeit der Aktiva, die zu ihrer Absicherung dienten, führten in der Folge dazu, dass die Aktienkurse der Banken an der Wallstreet aus Sorge um Ver-luste im Subprime Markt stark unter Druck gerieten, obwohl die negativen Aus-wirkungen auf die Gewinnentwicklungen noch begrenzt waren.

Als sich die Turbulenzen an den Märkten verstärkten, reagierten die Ratingagen-turen mit einer Abstufung zahlreicher Wertpapiere. Das Vertrauen in die Bonität der immobilienbesicherten Schuldverschreibungen kam ins Wanken. Es kam in allen Bewertungskategorien oder Tranchen zu erheblichen Marktverlusten.[4] Die Befürchtung, es könnte zu Bankenzusammenbrüchen kommen, schwächte das Vertrauen in die Kreditwürdigkeit ihrer Marktpartner.

---

[2] Vgl. Sinn (2010) S.63 ff.

[3] Asset Backed Securities sind Anleihen, deren Rückzahlung durch Aktivposten aus der Bilanz besichert sind. In der Regel handelt es sich bei den Aktiva um Hypotheken. allerdings wur-den auch Forderungen aus anderen Bereichen verbrieft (Leasing Verträge, Kreditkarten).

[4] Vgl. Sinn (2010), S. 61

Hier kommt die Problematik der Adversen Selektion in der Finanzkrise zum Tragen. Es wird von Informationsasymmetrie zwischen zwei Vertragspartnern ausgegangen, die das Handeln des Partners gar nicht oder nur teilweise beobachten können. Der Vertragspartner kann sich die Informationsasymmetrie wiederum zu Nutze machen.[5] Als Folge der Adversen Selektion brach bereits im August 2007 der Interbankenhandel kurzfristig zusammen. Erst durch massive Interventionen seitens der Zentralbanken kam dieser wieder in Gang.

Am 18.September 2008 gab das US-Finanzministerium bekannt, dass es nicht gewillt sei, die Investmentbank Lehmann Brothers zu retten. Dies hatte zur Folge, dass der Kreditverkehr zwischen den Banken am 15.September 2008 praktisch zum Erliegen kam. Hiermit war die akute Phase der Finanzkrise erreicht; die realwirtschaftliche Krise wurde verstärkt.[6] Durch die deutlich werdende Überschuldung des Bankensektors traten Probleme bei der Refinanzierung auf. Es kam zu Zusammenbrüchen von Banken. Weltweit gingen im Jahr 2008 mehr als 100 Banken in Konkurs, wurden übernommen oder verstaatlicht.[7]

Die Kosten der Bankenkrise in Deutschland ließen sich Stand 2010 auf 829 Mrd. € beziffern. Hiervon wurden etwa 630 Mrd. € als Hilfen und Bürgschaften für die Banken, 115 Mrd. € für Privatunternehmen und 84 Mrd. € für Konjunkturprogramme vom deutschen Staat zur Verfügung gestellt.[8]

---

[5] Vgl. Schumann, J. (1999) S.436
[6] Vgl. Sinn (2010), S. 26
[7] Vgl. ebenda (2010), S.79
[8] Vgl. ebenda (2010), S.11

3 Die Neue Institutionenökonomik als Regulierungsansatz

Regulierung kann im herkömmlichen Sinne als staatliche Intervention definiert werden. Durch die Intervention wird die Gewerbe- und Vertragsfreiheit der Wirtschaftssubjekte über die allgemeingültigen Regeln hinaus eingeschränkt. Sie beeinflusst das Verhalten der betroffenen Wirtschaftssubjekte und dient zur Erreichung von politischen, sozialen oder ökonomischen Zielen.[9]

Die traditionelle Regulierungs- und Wettbewerbstheorie befasst sich vorwiegend mit der Regulierung von Marktmacht in Monopolmärkten. Sie erklärt Preis- bzw. Gewinnregulierungen und befasst sich mit der Entstehung von Kartellen.

Da im Bankensektor kein Monopolmarkt existiert und die getroffenen Regulierungsmaßnahmen sich schwer in die traditionellen ökonomischen Modelle einordnen lassen, wird als theoretische Grundlage für diese Arbeit die NIÖ verwendet. In der NIÖ werden Institutionen in unterschiedlichen Bereichen untersucht und auf alltägliche Situationen übertragen. Im Hinblick auf den Regulierungsbegriff wird der Begriff der Institution hier auf seine ökonomische Anwendbarkeit reduziert. Die Institution wird mit einem Überwachungs- und Durchsetzungssystem gleichgesetzt.

Die NIÖ basiert auf einer Weiterentwicklung des Modells Homo Oeconomicus. Die Handlungen des Homo Oeconomicus werden durch Präferenzen und Restriktionen bestimmt. Diese führen zu einem gesamtwirtschaftlichen Ergebnis, welches ersichtlich und bewertbar ist. Im Idealfall entsteht durch die Handlungen ein Pareto-Optimales Ergebnis.[10] Die NIÖ erweitert dieses Grundmodell um realitätsnahe Annahmen. Hierzu zählen unter anderem Informationsasymmetrien, die Existenz von Transaktionskosten oder Marktmacht.

Institutionen sind verhaltenssteuernde Regeln bzw. Restriktionen, die Problembereiche der Interaktion zwischen Wirtschaftssubjekten gemäß einer Leitidee ordnen. Sie sind für einen bestimmten Kreis von Menschen über einen längeren Zeitraum gültig. Die Durchsetzung dieser Regeln erfolgt auf unterschiedliche Art und Weise.[11]

---

[9]   Vgl. Borrmann/Finsinger (1999) S.8

[10] Vgl. Göbel, E. (2002) S.23ff

[11] Vgl. ebenda (2002) S.3

Institutionen können im Laufe der Zeit durch menschliches Handeln entstehen; andere werden bewusst gegründet. Bei der Entwicklung oder Veränderung von Institutionen muss überprüft werden, ob diese in das bestehende Institutionengefüge passen und nicht widersprüchlich zu diesem sind.

Die Regelsysteme erhalten Wirksamkeit, wenn sie von den entsprechenden Wirtschaftssubjekten befolgt werden. Daher muss die Einhaltung der geschaffenen Regeln von den regulierenden Instanzen kontrolliert werden. Zusätzlich muss dem regulierten Wirtschaftssubjekt ein Anreiz geboten werden, das erwünschte Verhalten auszuüben. Außerdem ist es notwendig, dass die bewusst gegründeten Regeln kompatibel zur Kultur im jeweiligen Geltungsbereich sind.[12]

Sobald ein Marktversagen auftritt oder ein gesellschaftlich unerwünschter Zustand erreicht wird, muss das bestehende Institutionengefüge überprüft und gegebenenfalls angepasst werden.

3.1 Regulierung als Prinzipal-Agent-Problem

Einen wichtigen Unterpunkt innerhalb der NIÖ stellt die Regulierung als Prinzipal-Agent-Problem dar. In der klassischen Regulierungstheorie werden die Informationsasymmetrien zwischen Regulierer und reguliertem Unternehmen oft vernachlässigt oder spielen eine untergeordnete Rolle. Der Prinzipal-Agent-Ansatz wird im analytischen Teil der Arbeit wieder aufgegriffen und in einen praktischen Bezug gesetzt.

> „We define an agency relationship as a contract under which one or more persons (the principal(s)) engage another person (the agent) to perform some service on their behalf...“[13]

Da zwischen dem Prinzipal und dem Agenten Informationsasymmetrien vorliegen und opportunistisches Verhalten vorausgesetzt wird, entstehen bei einer solchen Beziehung Agency-Kosten. Diese setzten sich aus Monitoring Costs, Bonding Costs und dem Residual Loss zusammen. Die Monitoring Costs hat der Prinzipal zu tragen. Sie entstehen bei der Verringerung des Informationsnachteils. Die Bonding Costs entstehen dem Agenten bei der Verringerung der Informationsasymmetrie. Da durch die vorhandenen Informationsunterschiede vom wohlfahrts-

---

[12] Vgl. ebenda (2002) S. 20
[13] Vgl. Jensen/Meckling (1976) S.5

optimalen Zustand abgewichen wird, entsteht ein Wohlfahrtsverlust. Dieser wird als Residual Loss bezeichnet.[14]

In Bezug auf den Regulierer und das regulierte Unternehmen nimmt der Regulierer als Prinzipal die Rolle des Auftraggebers ein. Das regulierte Unternehmen hingegen ist der Agent. Das regulierte Unternehmen hat gegenüber dem Regulierer einen Informationsvorteil, da es seine eigene Kostenstruktur besser einschätzen kann als dieser. Gleiches gilt für das Nachfrageverhalten seiner Kunden.[15]

Dies führt zu zwei Problemen im Regulierungsprozess. Einerseits kann das zu regulierende Unternehmen seine Kostenstruktur höher und seine Marktposition schlechter darstellen, als sie in der Realität sind. Dies kann zur Folge haben, dass die Regulierungsmaßnahmen in bestimmten Bereichen nicht ausreichend sind und das Regulierungsziel nicht erreicht wird. Außerdem entsteht durch die PA-Beziehung innerhalb der Regulierung eine neue Kostenstruktur. Zusätzlich zu den Kosten aus dem üblichen Geschäftsbetrieb des regulierten Unternehmens fallen Bonding Costs an. Diese entstehen beispielsweise im Meldewesen des Unternehmens. Es müssen Ressourcen aufgewendet werden, um Informationsasymmetrien gegenüber dem Prinzipal abzubauen. Auf Seiten der Regulierer entstehen hingegen Monitoring Costs. Als Beispiel kann erhöhter Personalbedarf innerhalb einer Regulierungsbehörde genannt werden.

Vor dem Beschluss neuer Institutionen muss überprüft werden, ob die Veränderungen einen größeren Wohlfahrtsgewinn als -verlust erzeugen. Da sich wirtschaftliche Rahmenbedingungen im Laufe der PA-Beziehung ändern können, ist eine laufende Überprüfung der Institutionen erforderlich.

3.2 Compliance

Die Bedeutung des Begriffes Compliance lässt sich vom englischen Verb „to comply with" ableiten.[16] Eine Definition lieferte Herr Wolberg, Vorstandsvorsitzender der WGZ Bank und unter anderem für Compliance in der Genossenschaftlichen Zentralbank zuständig, in seinem 2013 an der Westfälischen Wilhelms-

---

[14] Vgl. ebenda S.6
[15] Vgl. Knieps (2008) S.81ff.
[16] to comply with - Vorschriften einhalten

Universität in Münster gehaltenen Vortrag zum Thema „Compliance im Bankensektor".

Compliance ist die Gesamtheit aller Maßnahmen, die das regelkonforme Verhalten eines Unternehmens, seiner Organe und Mitarbeiter im Hinblick auf die Einhaltung von Gesetzen und Richtlinien und die Erfüllung von selbst gesetzten Standards und Anforderungen umfasst. Zusätzlich dient sie dem Handeln in Übereinstimmung mit den eigenen Wertvorstellungen und der Durchsetzung einer Good Governance[17].

Compliance soll dazu dienen, dass ein Unternehmen nicht durch die Missachtung interner oder externer Regeln haftbar gemacht werden kann. Externe Regeln existieren in Form von Gesetzen oder allgemein gültigem Recht, interne Regeln sind unternehmensinterne Vorgaben oder Richtlinien.[18]

---

[17] Good Governance= gute Unternehmensverfassung.
[18] Vgl. Boldt/Büll (2013) S.5 ff.

4 Korrektur- und Anpassungsmechanismen im Bankensystem

Der folgende Abschnitt beinhaltet die konkreten Regulierungs- und Compliance-maßnahmen und bietet damit die Grundlage für die Analyse ihrer Auswirkungen auf die deutschen Genossenschaftsbanken. Außerdem werden die regulierenden Instanzen dargestellt, die Rolle der Banken in einer offenen und modernen Volkswirtschaft beschrieben sowie Branchenziele und Risiken genauer untersucht.

Banken wurden bereits vor und während der Finanzkrise reguliert. Die damaligen Regulierungsmaßnahmen und die Selbstregulierung des Marktes reichten jedoch nicht aus, die Krise zu verhindern. Daher wird anschließend das Regelwerkes Basel II dargestellt, um die Lücken und Fehler im damaligen Regulierungssystem zu verdeutlichen.

Auf europäischer und nationaler Ebene wird stetig an der Aktualisierung der Regulierungsmaßnahmen gearbeitet. Die Beschlüsse von Basel III müssen bis 2020 vollständig umgesetzt sein.

4.1 Regulierende Instanzen

In diesem Kapitel werden als erstes die regulierenden Instanzen vorgestellt. Darauf folgt eine Darstellung der getroffenen Regulierungsmaßnahmen und -vorschriften. Maßnahmen mit bedeutenden Auswirkungen auf die Geschäftstätigkeit deutscher Genossenschaftsbanken werden hinsichtlich ihres Regulierungsziels genauer betrachtet.

Da alle Mitgliedsländer der Europäischen Union ebenfalls Mitglied der Wirtschafts- und Währungsunion sind, werden Verordnungen und Richtlinien zum Thema Bankenregulierung auf europäischer Ebene beschlossen.[19] Die nationalen Gesetzgeber sind dafür zuständig, die europäischen Beschlüsse national umzusetzen. Zusätzlich können sie eigene Regulierungsmaßnahmen treffen.

Für die Überwachung der systemrelevanten und nicht systemrelevanten Finanzinstitute ist seit Ende 2014 der SSM zuständig. Dieser Überwachungsmechanismus setzt sich aus der Europäischen Zentralbank und den nationalen Aufsichts-

---

[19] Vgl. Europäische Kommission (2014)

behörden der jeweiligen EU-Länder zusammen. Die Leitung des SSM liegt bei der Europäischen Zentralbank.[20]

Eine weitere wichtige Komponente ist die ESA. Die ESA setzt sich aus drei Aufsichtsgremien zusammen, die jeweils für die Bereiche Bankenaufsicht, Versicherungswesen und Altersvorsorge sowie Marktaufsicht und Wertpapiere zuständig sind.[21]

4.2 Die Rolle der Banken in einer Volkswirtschaft

Kreditinstitute sind ein wichtiger Teilnehmer im Wirtschaftskreislauf. Der Konkurs oder bereits die Schieflage eines systemrelevanten Instituts kann weitreichende Folgen haben. Das beste Beispiel hierfür ist die letzte Finanzkrise. Hauptziele der Kreditinstitute sind Rentabilität, Liquidität und Sicherheit. Um diese Ziele durch ihr Filialgeschäft, Interbankenhandel oder Eigengeschäft zu erreichen, müssen sie bereit sein, Risiken einzugehen.[22] Als übergeordnete Risikoarten gelten Marktpreisrisiken, das operationelles Risiko, Liquiditätsrisiken und die risikobehaftete Kreditvergabe.[23] Ein funktionierender Früherkennungsmechanismus und ein kontrollierter Umgang mit ihnen mindern die Risikofolgen. Bei Eintritt eines dieser Risiken verringert sich das bilanzielle Eigenkapital des betroffenen Kreditinstituts.

4.3 Mangelnde Effizienz des bisherigen Regulierungs- undCompliancesystems

Mit Basel I bestand bereits lange vor dem Beginn der Finanzkrise ein Regelwerk für den Bankensektor. In der 1988 entstandenen Vereinbarung waren lediglich Mindestkapitalvorschriften für Banken festgelegt worden. Diese sollten Risiken und Verluste im Insolvenzfall eines Instituts begrenzen.[24] Basel I beschränkte sich daher inhaltlich auf die erste Säule des unten dargestellten 3-Säulen-Modells von Basel II. Basel I wurde im Jahr 2007 zu Beginn der Finanzkrise durch Basel II ersetzt.

---

[20]   Vgl. Jahresbericht der BaFin (2015)

[21]   Vgl. Bundesbank (2016)

[22]   Vgl. Bartetzky (2012), S.11

[23]   Vgl. Grill/Perczynsky (2010), S.529

[24]   Vgl. Bundesbank (o.J.a)

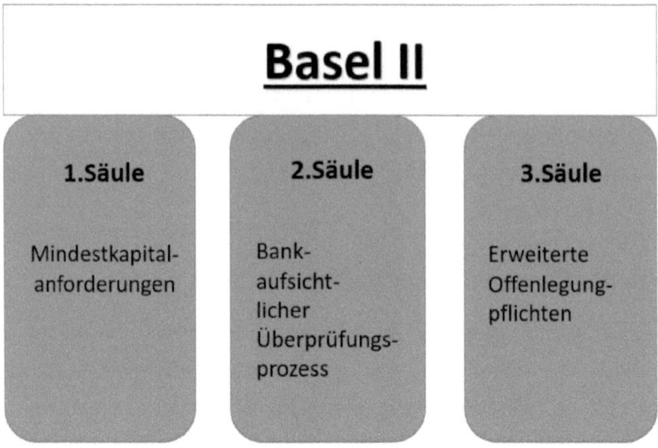

Abbildung 1: Der Aufbau von Basel II. Quelle: Eigene Darstellung in Anlehnung an Bundesbank (2001) S.17

Gemäß **Säule 1** mussten Eigenmittel / (Risikogewichtete Aktiva +Eigenmittelerfordernis aus Marktrisiken und operationelle Risiken x12,5) $\geq$ 8% sein.[25] Im deutschen Bankensystem lag die durchschnittliche Eigenkapitalquote bei 4%. Derart geringe Quoten ermöglichen auf der einen Seite hohe Eigenkapitalrenditen und hohe Dividendenzahlungen an die Aktionäre. Andererseits stellen sie ein großes Risiko für Banken, Gläubiger und Steuerzahler im Krisenfall dar. [26]

Die Kernkapitalquote muss bei mindestens 4% liegen.[27] Die Quote lässt sich berechnen, indem das Kernkapital durch die Risikopositionen geteilt wird. Die erhöhten Eigenkapitalvorschriften sind verglichen mit Basel I ein großer Fortschritt, doch selbst wenn die Kreditinstitute die Kapitalvorgaben aus Basel II zum damaligen Zeitpunkt bereits erreicht hätten, wären sie mit einer hohen Wahrscheinlichkeit unterkapitalisiert gewesen.

Die **zweite Säule** betrifft die Überwachung der qualitativen Kapitalanforderungen.[28] Die Umsetzung in Deutschland erfolgte durch MaRisk.[29] In diesem Abschnitt von Basel II wurde festgelegt, wieviel Eigenkapital für einen bereitgestell-

---

[25] Vgl. ebenda

[26] Vgl. Sinn (2010), S.198 f

[27] Das Kernkapital setzt sich zusammen aus dem Grundkapital + Rücklagen + stillen Einlagen.

[28] Vgl. Bundesbank (o.J. a)

[29] Vgl. BaFin (2012a)

ten Kredit hinterlegt werden muss. Auch hier sind seitens der Aufsichtsbehörden Fehler gemacht worden. Den Ratingagenturen wurde zu viel Vertrauen entgegengebracht, so dass Kredite an überbewertete Unternehmen und Staaten mit einem zu niedrigen Risikofaktor ausgestattet waren und daher mit zu wenig Eigenmitteln hinterlegt werden mussten. Auch den Kreditinstituten wurde zu viel Vertrauen entgegengebracht, da sie die Möglichkeit besaßen, auf interne Risikobewertungsmodelle zu vertrauen. Diese unterschätzten bewusst oder unbewusst die eingegangenen Risiken.

In der **dritten Säule** von Basel II wird die detailliertere Offenlegungspflicht der Institute behandelt. Sie dient zum Abbau von Informationsasymmetrien zwischen Anlegern, Kunden, Geschäftspartnern und dem Kreditinstitut.

Vor dem Eintritt der Finanzkrise haben die Kreditinstitute diese Offenlegungspflicht, die unter anderem die Offenlegung eingegangener Risiken erfordert, in Teilen umgangen. Investmentbanken verbrieften die risikogewichteten Aktiva in Form von Asset Backed Securities und Kreditderivaten. Somit lagerten sie Risiken aus ihren Bilanzen aus. Dies hatte für sie den Vorteil, weniger Eigenmittel zurückhalten zu müssen und die Risiken in der Geschäftspolitik verschleiern zu können.

Teilweise wurden die verbrieften Forderungen erneut komprimiert und durch Zweckgesellschaften in Form von hypothekenbesicherten Wertpapieren weiterverkauft.[30] Der Auslagerungsprozess führte dazu, dass die Banken und Investoren das Risiko nicht einsehen konnten oder sich das Informationsproblem zu Nutze machten. Diese Schwachstellen machten es erforderlich, Risiken genauer zu überwachen und Vorsorge für ihre Früherkennung zu treffen.

In den letzten Jahren rückte ein weiterer Problembereich in den Vordergrund. In Beratungsgesprächen wurden Privatkunden bei der Anlage ihrer Finanzmittel nicht selten Investitionen nahegelegt, bei denen die individuelle Risikoneigung eine untergeordnete Rolle spielte oder nicht genau genug beachtet wurde. Zusätzlich wurde den Banken und ihren Anlageberatern von den Medien und Kunden vorgeworfen, die Kostenstrukturen der angebotenen Produkte nicht offen genug dargestellt zu haben. Bis dahin gab es keine Vorschrift zur Protokollierung der Beratungsgespräche. Auch Transparenzvorschriften wie der Inhalt von Produk-

---

[30] Vgl. Sinn (2010), S. 164 f

tinformationsblättern waren nicht klar reglementiert. Daher erschien es notwendig, den Aspekt des Anlegerschutzes ebenfalls in die Regulierung aufzunehmen.

4.4 Aktuell gültige Regulierungsmechanismen

Das Regelwerk Basel III hat einen Umfang von 440 Seiten, was die Vielzahl der regulatorischen Anforderungen deutlich macht. Allein schon aus dieser Tatsache ergibt sich, dass eine umfassende Darstellung und Bewertung aller Einzelheiten den Umfang dieser Arbeit überschreiten würde und daher eine Beschränkung auf die wesentlichen Kernpunkte erforderlich ist. Hinsichtlich der Zielsetzung von Basel III geht es vor allem darum, den Bankensektor so stabil aufzustellen, dass eine erneute Finanzkrise weitgehend verhindert wird. Staatliche Hilfszahlungen sollen durch verbesserte Risikovorsorge sowie strengere Richtlinien für die Kreditvergabe und Eigenkapitalvorschriften der Vergangenheit angehören. Durch eine Erweiterung des Anlegerschutzes sollen außerdem private Investoren bei ihren Anlageentscheidungen stärker abgesichert werden. Die komplexen Produkte auf dem Finanzmarkt sollen damit für potentielle Anleger transparenter und vergleichbarer gemacht werden, um Informationsasymmetrien zwischen Käufer und Verkäufer abzubauen.

4.4.1 Maßnahmen zur Stabilisierung des Bankensektors

Als Grundlage für die in Deutschland gültigen Regulierungsmaßnahmen dient das Basel-III-Rahmenwerk. Der Aufbau von Basel III ist identisch mit dem Rahmenwerk Basel II. Das 3-Säulen-Modell, dessen Funktionsweise in Punkt 4.3. erklärt wurde, wurde von der Europäischen Kommission nachgebessert.

Die CRR ist eine Zusatzverordnung der SolvV. Sie definiert, welche Eigenmittel aufsichtsrechtlich anrechenbar sind (Eigenmittel = hartes Kernkapital + zusätzliches Kernkapital + Ergänzungskapital) und legt die **Eigenmittelanforderungen** fest. Ziel der Regulierungsmaßnahme ist die Verringerung des Kreditrisikos, des Marktrisikos und des operationellen Risikos der Kreditinstitute. Hierzu wurden seitens der EU-Kommission Verfahren entwickelt, mit denen das Risiko berechnet werden kann.[31] Zusätzlich ist die BaFin berechtigt, höhere Kapitalanforderungen

---

[31] Vgl. BaFin (2016a)

zu stellen, wenn die Vorschriften aus der Säule 1 des Basler Regelwerks aus ihrer Sicht nicht ausreichend sind.[32]

Zusätzlich beinhaltet CRR die **quantitativen und qualitativen Liquiditätsanforderungen**. Durch CRR wurden die Liquiditätskennzahlen aus Basel III in gültiges deutsches Recht umgewandelt. Hier ist die Liquidity Coverage Ratio[33] als Kennziffer zu nennen. Sie ist so zu interpretieren, dass die zu erwarteten Zahlungsabflüsse der nächsten Tage die verfügbaren Zahlungsmittel nicht überschreiten. Diese Kennzahl ist dem Bereich der quantitativen Anforderungen zuzuordnen.

Ein Kreditinstitut ist außerdem dazu verpflichtet, eine ordnungsgemäße Geschäftsorganisation zu unterhalten, die für die Einhaltung der gesetzlichen Bestimmungen zuständig ist und im vernünftigen betriebswirtschaftlichen Sinne handelt.[34] Diese gesetzlichen Anforderungen werden durch **MaRisk** konkretisiert. Als wichtigste Aspekte ergeben sich die Erstellung einer Liquiditätsübersicht, die Durchführung von Bankenstresstests und die Ausarbeitung von Notfallplänen.[35]

Um den Steuerzahler bei zukünftigen Schieflagen oder Insolvenzen von Finanzinstituten zu entlasten, wurde ein Restrukturierungsgesetz erlassen. Durch den Erlass des Gesetzes sind Banken verpflichtet, einen Anteil, der sich anhand ihrer Bilanzsumme berechnen lässt, in einen **Restrukturierungsfonds** einzuzahlen. Dieser hat eine Zielgröße von 70 Mrd. Euro und wird von der BaFin verwaltet.[36]

4.4.2 Maßnahmen zum Schutz der Anleger

Seit 2009 sind Banken und jegliche Arten von Wertpapierdienstleistungsunternehmen gesetzlich dazu verpflichtet, ihren Privatkunden unverzüglich nach einer Wertpapierberatung ein **Beratungsprotokoll** auszuhändigen. Das Protokoll muss unabhängig davon erstellt werden, ob es zu einem Produktabschluss mit dem Kunden kam oder nur eine Empfehlung ausgesprochen wurde, die der Kunde nicht umgesetzt hat. Das Beratungsprotokoll sichert sowohl den Kunden als auch

---

[32] Vgl. Die Bank (2013), S. 15

[33] LCR=Bestand an erstklassigen Liquiden Aktiva/Nettoabflüsse in den nächsten 30 Tagen. Diese Kennziffer muss ab 2018 einen Erfüllungsgrad von 100% haben.

[34] Gemäß §25a Abs.1 KWG

[35] Vgl. BaFin (2016b)

[36] Vgl. Bundesbank (o.J. b)

die Bank zukünftig ab. Sollte der Kunde im Nachhinein der Meinung sein, falsch beraten worden zu sein, lässt sich das Beratungsgespräch anhand des Protokolls rekonstruieren.

Um die Wertpapierberatung transparenter zu gestalten, hat der Kunde das Recht, zusätzlich zum Beratungsprotokoll ein **Produktinformationsblatt** zu erhalten, in dem alle notwendigen Informationen zur Funktionsweise, Kostenstruktur und Laufzeit sowie die möglichen Risiken des Produkts verständlich abgebildet sind.

Hinsichtlich der **Qualifikation** der beratenden Mitarbeiter bestehen neue Mindestanforderungen. Diese beziehen sich sowohl auf die fachliche Kompetenz, die der Berater vorweisen muss, als auch auf seine Zuverlässigkeit. Neben den Beratern müssen auch Mitarbeiter, die für die Entwicklung von Vertriebsstrategien zuständig sind, die Mindestanforderungen erfüllen. Die fachliche Kompetenz erlangt ein Mitarbeiter durch das Ablegen einer Prüfung bei der BaFin, bei der u.a. die Funktionsweise von Wertpapierprodukten abgefragt wird. [37]

Die BaFin führt eine nicht öffentliche **Datenbank**, in der die einzelnen Mitarbeiter mit relevanten Informationen von den Banken gemeldet werden. Hierzu zählt z.B. die Anzahl der Kundenbeschwerden über den jeweiligen Mitarbeiter. Die Datenbank enthält demnach wichtige Informationen für die Aufsichtsbehörde und soll die Mitarbeiterauswahl der Banken qualitativ verbessern.[38]

4.4.3 Anzeige- und Meldepflichten

Die Kreditinstitute sind verpflichtet, der BaFin in regelmäßigen Abständen Kurzbilanzen einzureichen, um Veränderungen der Bilanzpositionen und der Risikostruktur rechtzeitig für die Aufsicht ersichtlich zu machen.

Neben betriebswirtschaftlichen Veränderungen wie Bilanzverlusten sind u.a. Veränderungen in der Geschäftsleitung anzuzeigen. Auch bei Änderungen der Beteiligungsstruktur ab einer Größe von 10% ist die BaFin zu informieren.

Groß- und Millionenkredite sind ebenfalls meldepflichtig, um auszuschließen, dass sich Schuldner unbemerkt bei verschiedenen Instituten in hohem Maße verschulden können. Zusätzlich soll eine mehrfache Kreditverbriefung durch Zweckgesellschaften eingegrenzt werden.

---

[37] Vgl. BaFin (2012b)
[38] Siehe hierzu: §34d Wertpapierhandelsgesetz

Um Marktmanipulationen und Insiderhandel aufdecken zu können, sind Banken und jegliche Art von Wertpapierdienstleistungsunternehmen dazu verpflichtet, der BaFin alle börslichen und außerbörslichen Wertpapiergeschäfte mitzuteilen.[39]

4.5 Compliance-Funktion

Die gültigen Anforderungen für die Compliance-Organisation und Compliance-Kultur in den Kreditinstituten sind in MaRisk und MaComp beschrieben. Das Aufsichtsrecht gibt keine detaillierten Strukturvorgaben für den Aufbau der Compliance-Funktion vor. Die prinzipienbasierten Vorgaben müssen jedoch entsprechend dem Proportionalitätsprinzip verhältnismäßig umgesetzt werden.[40]

Um diese Vorgaben umzusetzen, haben die Kreditinstitute Compliance-Abteilungen eingerichtet, die sich mit den Themen Wertpapierdienstleistung, Geldwäsche, Betrugsverhinderung, Datenschutz, IT-Sicherheit und dem allgemeinen Verbraucherschutz befassen. Zusätzlich ist eigenverantwortlich zu prüfen, welche weiteren Geschäftsbereiche Compliance-Risiken enthalten und von der Compliance-Funktion zu bearbeiten sind.[41] Gemäß §34d WpHG müssen Compliance Mitarbeiter in der Datenbank der BaFin gemeldet sein.

Die Compliance-Funktion stellt ein überwachendes Organ dar, das mit unterschiedlichen **Überwachungsaufgaben** beauftragt ist. Hierzu zählt z.B. die Überwachung des Eigenhandels von Mitarbeitern mit Wertpapieren und das Verhindern von Insiderhandel. Unternehmensinterne Grundsätze sollen eingehalten und Interessenkonflikte vermieden werden. Zusätzlich ist sie mit in das Beschwerdeverfahren eingebunden. Sie hat den korrekten Umgang mit eingehenden Beschwerden zu überwachen und diese, je nach Art der Beschwerde, an die Aufsichtsbehörden weiterzuleiten.

Damit zu jeder Zeit ein gültiges Risikoprofil der Banken ersichtlich ist, werden von der Compliance-Abteilung in regelmäßigen Abständen **Risikoanalysen** über die Compliance-Risiken im Unternehmen erstellt. Bei Bedarf können auch Ad-hoc Risikoprüfungen erfolgen. In die Risikoprüfung sind Ergebnisse von internen Re-

---

[39] Vgl. BaFin (2016c)
[40] Vgl. Weber-Rey (2010) S. 574
[41] Vgl. BaFin (2013)

visionen, externen Wirtschaftsprüfern und sonstige relevante Erkenntnisquellen mit einzubeziehen. [42] Die zu betrachtenden Risikobereiche sind IT-Compliance[43], Korruption[44], Geldwäsche[45] und Dokumentenmanagement.[46]

Ein weiteres großes Aufgabenfeld ist die **Beratungsaufgabe**. Dazu gehören z.B. Mitarbeiterschulungen hinsichtlich interner und externer Grundsätze sowie die Mitwirkung bei der Entwicklung von neuen Prozessen und der Ausgestaltung von Vergütungssystemen. Im Bereich der Wertpapierberatung soll sie außerdem bei der Entscheidung mitwirken, welche Art von Finanzinstrumenten dem Kunden angeboten werden.[47]

---

[42] Vgl. MaRisk BT 1.2.1.1.

[43] Vgl. Schrey (2010) S.207ff.

[44] Vgl. Bannenberg/Dierlamm (2010) S.221 ff.

[45] Vgl. Schmitt(2010) S.238 ff.

[46] Vgl. Zeunert(2010)S.269 ff.

[47] Vgl. MaRisk BT 1.2.3.

5 Auswirkungen auf die Geschäftstätigkeit deutscher Genossenschaftsbanken

Das Geschäftsmodell der deutschen Genossenschaftsbanken unterscheidet sich in vielerlei Hinsicht von dem anderer Kreditinstitute. Dementsprechend wurden sie auch in unterschiedlicher Weise von der Finanzkrise betroffen. Dennoch sehen die Regulierungsmaßnahmen keine gesonderte Behandlung von Genossenschaftsbanken im Vergleich zu Kreditinstituten anderer Rechtsformen und Geschäftsmodelle vor.

Im folgenden Abschnitt werden die Auswirkungen der Regulierung auf die deutschen Genossenschaftsbanken analysiert. Die sonstigen Kreditinstitute werden nicht in die Betrachtung mit einbezogen. Die Teilergebnisse werden an den jeweiligen Abschnittsenden in Form einer Abbildung zusammengefasst.

5.1 Geschäftsmodell genossenschaftlicher Banken

Die Grundlage für jede Genossenschaft legt §1 des Genossenschaftsgesetzes. Durch gemeinschaftlichen Geschäftsbetrieb sollen die Mitglieder in unterschiedlichen Bereichen gefördert werden.

Genossenschaftliche Banken sind Kreditinstitute, die mit anderen deutschen Genossenschaftsbanken eine genossenschaftliche Kooperation unterhalten. Die einzelnen Genossenschaftsbanken sind dabei wirtschaftlich und rechtlich selbständige Unternehmen und bilden die Elemente des genossenschaftlichen Verbunds. Ihr Fortbestehen wird durch das Regionalprinzip und das Identitätsprinzip gesichert.[48]

Das Ziel der wirtschaftlichen Förderung der Kooperationspartner und ihrer Mitglieder steht über der reinen Gewinnmaximierung. Erreicht werden soll dieses Ziel durch die Schaffung eines Member Values. Der Member Value lässt sich in einen unmittelbaren, mittelbaren und nachhaltigen Wert unterteilen. Welche konkrete Art der Wertschöpfung für die Mitglieder entsteht, ist der folgenden Abbildung zu entnehmen. Über ihn lässt sich der Wert der Genossenschaftsbank aus Sicht der Mitglieder bestimmen.[49]

---

[48] Vgl. Boele, A. (1995) S. 12 f.

[49] Vgl. Theurl/Schweinsberg (2004) S.31 f.

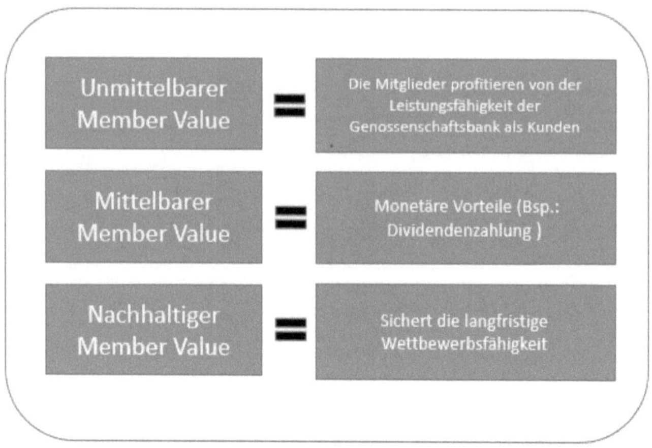

Abbildung 2: Der Member Value. Eigene Darstellung in Anlehnung an Theurl/Schweinsberg (2004)

Zur genossenschaftlichen Bankengruppe zählen neben den Volks- und Raiffeisenbanken die PSD-Banken, Sparda-Banken, Deutsche Apotheker- und Ärztebank, die BBBank und kirchliche Institute.

Obwohl die Deutsche Apotheker- und Ärztebank eG (Düsseldorf) im abgelaufenen Geschäftsjahr 2015 die größte Genossenschaftsbank Deutschlands war[50], haben die Volks- und Raiffeisenbanken mit einer konsolidierten Bilanzsumme von 818 Mrd. € im Verbund die größte Position.

Die Volks- und Raiffeisenbanken sind Allfinanzinstitute. Wenn die Dienstleistung nicht intern vom jeweiligen Institut erbracht werden kann, haben sie die Möglichkeit, auf die Produktpalette ihrer angeschlossenen Partner zurückzugreifen. [51]

Seit 1970 ist die Anzahl der Volks- und Raiffeisenbanken in Deutschland jedes Jahr gesunken.[52] Die Entwicklung der kumulierten Bilanzsumme und der Mitgliederzahlen ist jedoch gegenläufig. Weniger Institute sind für mehr Kunden und eine größere Forderungs- und Verbindlichkeitshöhe zuständig. Ca. 2,5 Millionen

---

[50] Bezogen auf die Bilanzsumme der einzelnen Genossenschaftsbanken. Diese lag bei 36,6 Mrd. €.

[51] Vgl. Bundesverband der Deutschen Volksbanken und Raiffeisenbanken (2016a)

[52] Im Jahr 1970 lag die Anzahl der VR-Banken noch bei 7096, Stand 2015 waren es noch 1021.

neue Mitglieder ließen sich im Zeitraum zwischen 2005 und 2015 vom genossenschaftlichen Gedanken überzeugen und zählen nun zu den insgesamt 18,3 Mio. Anteilseignern.[53] Auffällig ist hierbei, dass der Verbund in konjunkturell schwierigen Zeiten und in Niedrigzinsphasen verstärkten Mitgliederzuwachs verzeichnen konnte. Diese Tatsache kann dem Wunsch vieler Kunden nach Sicherheit und der Suche nach rentablen Anlagemöglichkeiten mit geringem Risiko zugeordnet werden. Daraus lässt sich ableiten, dass der genossenschaftliche Verbund von seinen Kunden als stabil und sicher angesehen wird.

5.2 Rolle der Genossenschaftsbanken in der Finanzkrise

Die Genossenschaftsbanken haben die Finanzkrise überstanden, ohne staatliche Hilfszahlungen in Anspruch nehmen zu müssen. Die Ursache ist darin zu sehen, dass sie ihre Kredite größtenteils an Privatkunden und mittelständische Firmenkunden vergeben haben. Im Gegensatz zu international tätigen Instituten haben sie nicht direkt in amerikanische Risikopapiere investiert. Lediglich die DZ-Bank, deren Aktionäre größtenteils die Volks-und Raiffeisenbank selbst sind, bildete eine Ausnahme und hatte daher im Verlauf der Finanzkrise deutliche Bewertungsabschläge in ihrem Portfolio zu verzeichnen.[54] Die daraus resultierenden Verluste konnten allerdings durch vorhandene Eigenmittel aufgefangen werden.

Der Bankensektor hat insgesamt durch die Krise Vertrauen und Ansehen eingebüßt. Viele Banken mussten nach der Krise einen Risikoaufschlag bezahlen, um neue Kundeneinlagen zu erhalten. Dagegen verzeichneten die deutschen Genossenschaftsbanken im Jahr 2008 einen Einlagenzuwachs von 4,5%. Ihr Kreditvolumen stieg um 2,7% bzw. 9,9 Mrd. Euro an. Diese Entwicklung macht deutlich, dass die deutschen Genossenschaftsbanken in der Finanzkrise stabilisierend auf die Wirtschaft gewirkt haben. [55] Ihr sicheres Geschäftsmodell und die Tatsache, dass sie die Finanzkrise nicht verursacht hatten, wurden von vielen Kunden honoriert.

---

[53] Vgl. Bundesverband der Deutschen Volksbanken und Raiffeisenbanken(o.J.)
[54] Vgl. DZ Bank Geschäftsbericht (2009)
[55] Vgl. Bundesverband der Deutschen Volksbanken und Raiffeisenbanken (2009) S.6

5.3 Analyse der Auswirkungen von Regulierung und Compliance

Für die Analyse der Auswirkungen wurde der genossenschaftliche Verbund der Volks- und Raiffeisenbanken betrachtet. Einzelne Ergebnisse lassen sich jedoch auch auf andere Institute übertragen.

Bei der Analyse wird eine Aufteilung nach Nutzen sowie direkt messbaren und indirekten Kosten vorgenommen. Unter direkten Kosten sind monetär messbare Auswirkungen zu verstehen. Diese sind in der GuV oder der Bilanz einer Genossenschaftsbank ersichtlich. Indirekte Kosten lassen sich nicht auf einen Geldbetrag beziffern, sondern sind die Ursache für zukünftig entstehende Kosten. Hierzu zählen veränderte Wettbewerbspositionen oder Veränderungen im alltäglichen Geschäftsbetrieb.

Genossenschaftsbanken mit einer geringen Bilanzsumme werden von der **Gesamtheit der Regulierungsmaßnahmen** besonders hart getroffen. Zu diesem Schluss kommt sowohl KPMG in ihrer Studie zu den Auswirkungen regulatorischer Anforderungen als auch der Bundesverband der Deutschen Volks- und Raiffeisenbanken in einem Gutachten. Kleine Institute haben vorrangig mit der finanziellen Belastung zu kämpfen, die sich durch die erhöhten Anforderungen im Meldewesen und aus der Umsetzung der Compliancevorgaben ergibt.[56] Für die Genossenschaftsbanken mit einer vergleichsweise hohen Bilanzsumme bilden die Liquiditätsvorschriften die stärkste Neubelastung, da in großen Instituten bereits entsprechendes Fachpersonalvorhanden ist. Zudem müssen sie eine höhere Bankenabgabe an den Restrukturierungsfonds entrichten als die kleinen Institute.

Zusätzlich zu den Regulierungskosten müssen sich die Kreditinstitute derzeit mit dem Problem der Niedrigzinspolitik auseinandersetzen. Aufgrund der hohen Abhängigkeit von Zinsüberschüssen und dem damit verbundenen Margendruck ist es für die Genossenschaftsbanken schwieriger geworden, Erträge zu generieren. Folglich wird es immer wichtiger, Provisionserträge zu erwirtschaften.

Dem aus der PA-Beziehung zwischen Aufsichtsbehörden und Genossenschaftsbanken resultierenden Kostendruck konnten mehrere Institute nicht mehr standhalten. Um überleben und weiterhin konkurrenzfähig bleiben zu können, waren einige Genossenschaftsbanken gezwungen, mit anderen Instituten zu fusionieren. Die Folge war eine Ausdünnung des Filialnetzes und ein Abbau von Personal.

---

[56]   Vgl. KPMG (2013) S.23

Diese Entwicklung lässt sich auch durch einen Vergleich des aggregierten Geschäftsberichts aller Genossenschaftsbanken aus dem Jahr 2015 mit dem Vorjahresbericht ablesen. Danach sind die Zinsüberschüsse um 0,4% gesunken, die Provisionserträge um 5,1% gestiegen. Die Anzahl der Institute ist fusionsbedingt um 26 gesunken. Die Anzahl der beschäftigten Mitarbeiter verringerte sich um 3900. Deutschlandweit wurden 510 Filialen geschlossen. Da die Volks- und Raiffeisenbanken den Anspruch haben, in jeder Region als direkter Ansprechpartner vor Ort zu sein, gefährdet diese Entwicklung eines ihrer wesentlichen Merkmale, durch das sie sich von anderen Banken am Markt abheben.

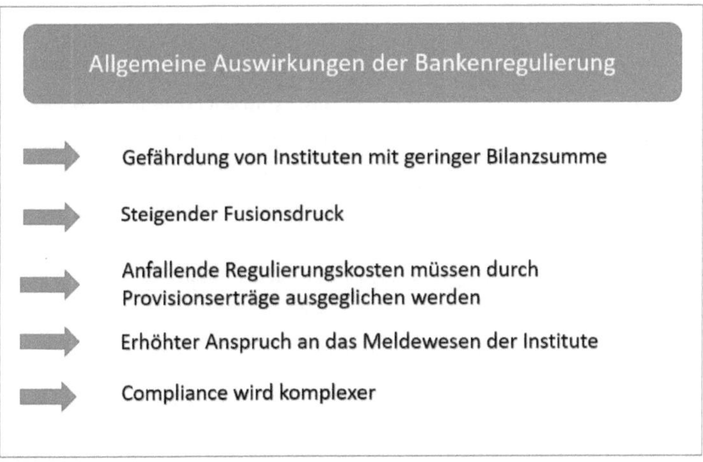

Abbildung 3: Allgemeine Auswirkungen der Bankenregulierung. Quelle: Eigene Darstellung

Die getroffenen Regulierungsmaßnahmen, die den **Verbraucherschutz** zum Ziel haben, wirken sich sowohl positiv als auch negativ auf die Geschäftstätigkeit aus.

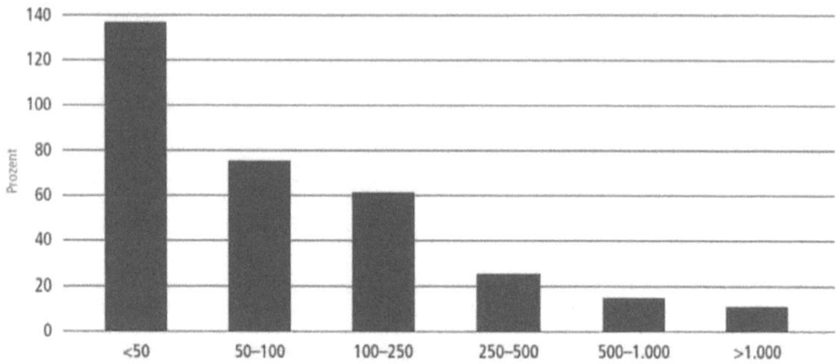

Abbildung 4: Verhältnis der laufenden Kosten für den Wertpapierertrag im Jahr 2014 zu den Bilanzklassen in Millionen Euro. Quelle: Bundesverband der Deutschen Volks- und Raiffeisenbanken.[57]

Abbildung 4 zeigt die Auswertung einer repräsentativen Studie, an der über 500 Genossenschaftsbanken teilnahmen. Sie wurde im Auftrag des Bundesverbands der Deutschen Volks- und Raiffeisenbanken durchgeführt. Hieraus wird ersichtlich, dass sehr kleine Genossenschaftsbanken mit einer Bilanzsumme von unter 50 Millionen Euro unwirtschaftlich handeln, wenn sie Wertpapierberatungen anbieten. Dies betrifft 31 von 1019 Institute aus dem Verbund und damit einen Anteil von ca.3% der Genossenschaftsbanken.[58]

Infolge der wachsenden Zahl von Berichten über Falschberatungen in den Medien hat das Vertrauen in die Wertpapier- und Anlageberatung nach der Finanzkrise gelitten. Den Banken und ihren Beratern wurde vorgeworfen, bei derartigen Anlageempfehlungen vorrangig eigene Interessen durch die Generierung von Erträgen zu verfolgen. Die Berater seien in erster Linie daran interessiert, ihre individuellen Zielvorgaben möglichst schnell zu erreichen, um von den Incentives der Banken profitieren zu können.

Das Mitarbeiter- und Beschwerderegister bei der BaFin führt dazu, dass die Beratung nunmehr von den qualifiziertesten Mitarbeitern des Unternehmens durchgeführt wird. Das Beratungsprotokoll und ein reguliertes Vergütungssystem generieren auf diese Weise einen Nutzen für die Genossenschaftsbanken, denn da es in einer protokollierten Beratung schwieriger ist, wissentlich ein ungeeignetes Pro-

---

[57] Vgl. Bundesverband der Deutschen Volksbanken und Raiffeisenbanken (2015) S.7

[58] Stand Ende 2015. Die Daten stammen aus der Liste aller Volks- und Raiffeisenbanken, ausgegeben vom Bundesverband der Deutschen Volks- und Raiffeisenbanken.

dukt zu empfehlen, wird das Vertrauen der Kunden in die Anlageberatung gefestigt. Sind durch das gestiegene Vertrauen mehr Kunden bereit, ihre Anlageentscheidung gemeinsam mit ihrer Genossenschaftsbank zu treffen, werden hierdurch zusätzliche Ertragsmöglichkeiten geschaffen. Da die Wahrscheinlichkeit größer ist, dass ein zufriedener Kunde sich zukünftig erneut beraten lässt, fördern die Maßnahmen außerdem eine nachhaltige und langfristige Kundenbindung.

Jedoch fallen auf der anderen Seite auch direkte und indirekte Kosten in den Instituten an. Die Erstellung eines Beratungsprotokolls erfordert einen zusätzlichen Zeitaufwand im Beratungsgespräch und in der Nachbearbeitung der Kundengespräche. Die hierfür benötigte Zeit hätte alternativ zur Kundenakquise oder für die Durchführung weiterer Beratungsgespräche genutzt werden können.

Damit der Vertrieb sein eingeschränktes Zeitkontingent optimal nutzen kann, werden bestimmte Aufgabenbereiche bereits ausgelagert. Als Beispiel ist die telefonische Erreichbarkeit der Berater zu nennen. Wählt ein Kunde die Telefonnummer, die auf der Visitenkarte des Beraters vermerkt ist, landet er in den meisten Fällen in einem Call-Center und wird nur bei besonderen Anliegen an seinen zuständigen Berater weitergeleitet. Diese Entwicklung führt dazu, dass einer der speziellen Vorteile, die die Genossenschaftsbanken bisher ausgezeichnet haben, an Bedeutung verliert.

Zusätzlich begeben sie sich in eine gewisse Abhängigkeit von den neuen Dienstleistern. Zwar ist die Fülle der Regulierungsmaßnahmen nicht der alleinige Grund für das Outsourcing von Geschäftsabläufen, doch wird dadurch der ohnehin bestehende Trend weiter verstärkt. Durch die neu geschaffenen Transparenzvorschriften hat die Informationsmenge nicht nur für die Banken, sondern auch für die Kunden zugenommen. Dies kann zur Folge haben, dass einzelne Kunden sich durch die Informationsflut überfordert fühlen und die Beratung für Laien insgesamt intransparenter wird.

Ein weiteres Problem ist die ungleiche Regulierung von Anlageprodukten. Möchte ein Berater den formalen Aufwand einer Wertpapierberatung vermeiden, kann er Bankeinlagen oder Bausparverträge empfehlen, ohne ein Protokoll über die Beratung erstellen zu müssen. Durch die ungleichen Auflagen wirken Wertpapieranlagen deutlich unattraktiver und riskanter für die Berater und Kunden.

Einzelne Genossenschaftsbanken sehen daher von der Empfehlung von Einzelwerten oder Zertifikaten bereits ab. Zu groß erscheint ihnen das Risiko, gegen den Anlegerschutz zu verstoßen oder negativ im Melde- und Beschwerderegister der

BaFin aufzufallen. Ist ein Kunde jedoch an derartigen Anlagen interessiert, ist er häufig auf sich alleine gestellt. Den Genossenschaftsbanken entstehen durch die neuen Vorschriften im Bereich der Anlageberatung insgesamt nicht nur direkte, sondern auch indirekte Kosten, was ihre Wettbewerbsposition gegenüber Direktbanken verschlechtert.

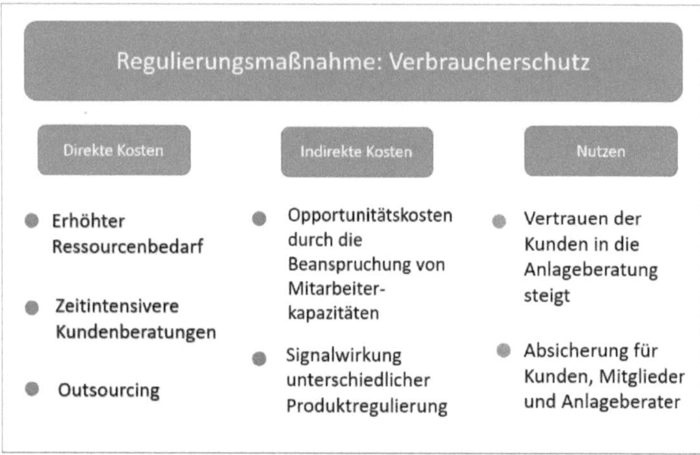

Abbildung 5: Übersicht Verbraucherschutz. Quelle: Eigene Darstellung

Die **gestiegenen Eigenkapitalvorschriften bei der Kreditvergabe** haben positive und negative Auswirkungen auf die Genossenschaftsbanken. Bei einer Kreditvergabe muss eine Genossenschaftsbank Refinanzierungskosten, Betriebskosten und Risikokosten tragen. Refinanzierungskosten entstehen durch die Beschaffung des zu verleihenden Kapitals, Betriebskosten im Kreditvergabeprozess und Risikokosten durch die Risikovorsorge im Laufe des Rückzahlungsprozesses. Bedingt durch die erhöhten Eigenmittelanforderungen, eine hohe Konkurrenzsituation und die Niedrigzinsphase sind die Forderungen der Genossenschaftsbank nicht mehr so rentabel wie noch vor einigen Jahren.

Da das Kreditgeschäft mit Privat- und Firmenkunden von immenser Bedeutung für die deutschen Genossenschaftsbanken ist, müssen als Ausgleich an anderer Stelle zusätzliche Erträge geschaffen werden. Infolgedessen rückt Cross-Selling immer mehr in den Vordergrund. Im Zuge einer Finanzierungsanfrage eines Kunden bieten sich durch die Einsicht in seine finanzielle Gesamtsituation Cross-Selling-Möglichkeiten. Der Vertrieb von Versicherungsprodukten, Bausparverträgen, Girokonten oder Kreditkarten ermöglicht die Generierung zusätzlicher Erträge. Hierdurch kann die durch die Regulierung gesunkene Rentabilität im Finanzierungsgeschäft aufgefangen werden. Das setzt naturgemäß voraus, dass die Genossenschaftsbanken ihre Mitarbeiter für Cross-Selling sensibilisieren und die Vergütungssysteme entsprechend anpassen.

Als Nutzen der erhöhten Kapitalanforderungen ist die verbesserte Qualität der gewährten Kredite anzusehen. Je mehr Eigenkapital in einer Genossenschaft enthalten ist, desto größer ist der Verlust der Anteilseigner bei einem Kreditausfall. Auf diese Weise wurde durch die Aufsichtsorgane ein positiver Anreiz zur genauen Bonitätsprüfung geschaffen.

Die Analyse der kumulierten Geschäftsberichte der Genossenschaftsbanken zeigt, dass die erhöhten Eigenkapital- und Vorsorgevorschriften die Kreditvergabe nicht eingeschränkt haben. Seit 2010 stiegen die aus dem Kundenkreditgeschäft resultierenden Volumina sogar Jahr für Jahr an.

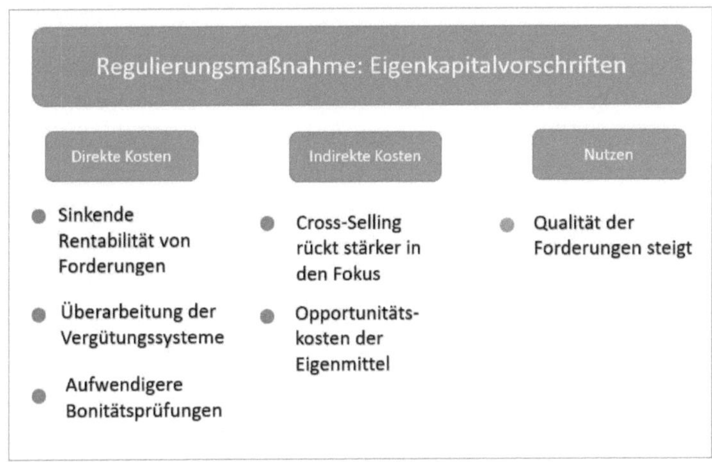

Abbildung 6: Übersicht Eigenkapitalvorschriften. Quelle: Eigene Darstellung

Durch die gestiegenen Anforderungen im **Meldewesen** entstehen den Genossenschaftsbanken direkte Kosten. Sie sind dem Bereich der Bonding-Costs zuzuordnen, da sie zum Abbau der Informationsasymmetrie zwischen den Genossenschaftsbanken und den Regulierern dienen.

Um die geforderten Daten korrekt an die Aufsichtsbehörden übermitteln zu können, ist eine Zusammenarbeit verschiedener Abteilungen notwendig. Die Datenerhebungen finden im Rechnungswesen, Controlling und Kreditmanagement sowie in der Wertpapierabteilung und in den Risikoabteilungen statt. Damit die

Meldungen zeitgenau und mit aktuellen Daten erfolgen können, muss eine gute Zusammenarbeit zwischen den genannten Abteilungen, dem Meldewesen und den IT-Abteilungen der Institute gegeben sein.

Durch die Fülle der Regulierungsanforderungen und die stetige Veränderung ist es notwendig, gut ausgebildetes Fachpersonal einzustellen oder auszubilden. Die für das Meldewesen verantwortlichen Mitarbeiter müssen die Anforderungen verstehen, sich über Neuerungen informieren und die Meldungen in einer geeigneten Form einreichen. Dies führt zu einer erhöhten Mitarbeiterbelastung und zu erhöhten Personalkosten. Wird in einer Genossenschaftsbank kein geeignetes Fachpersonal beschäftigt, muss alternativ auf externe Berater zurückgegriffen werden. Durch ihren Einsatz fallen ebenfalls direkte Kosten an.

Die Aufsichtsbehörden haben Meldevorschriften entwickelt, in denen die Inhalte und die technische Umsetzung der Meldungen spezifiziert sind.[59] Um eine Meldung ordnungsgemäß erstellen zu können, wird eine geeignete Meldesoftware benötigt. Diese muss in das bankinterne System eingebunden werden, so dass jegliche Arten von Bilanzveränderungen und Neugeschäften ohne großen manuellen Aufwand in ihr erfasst werden können. Auch hier entstehen direkte Kosten bei der Anschaffung der Software und durch die laufenden Kosten für das Fachpersonal. Da die Genossenschaftsbanken im Verbund organisiert sind, haben sie einen minimalen Vorteil gegenüber einem eigenständigen Institut. Die neu entwickelten Maßnahmen müssen nur bedingt von jeder einzelnen Volksbank aufgearbeitet werden. Sie kann vielmehr in einer zentralen Stelle erfolgen, von der die wesentlichen Neuerungen an die einzelnen Institute kommuniziert werden. Da die Meldungen jedoch von jedem einzelnen Institut abzugeben sind, endet der Vorteil bei der Aufarbeitung.

Der aus den Meldevorschriften resultierende Nutzen für die Genossenschaftsbanken ist die bessere Vergleichbarkeit der einzelnen Institute des Verbunds. Für einen Fusionsprozess oder eine Analyse der eigenen Wettbewerbsposition stehen jederzeit aktuelle Daten von anderen Instituten zur Verfügung.

Bei der Betrachtung der Analyseergebnisse im Bereich des Meldewesens ist die Entwicklung des Verwaltungsaufwands und des Personalaufwands in Bezug auf die Mitarbeiteranzahl zu berücksichtigen. Allein zwischen 2014 und 2015 ist der

---

[59] Vgl. Bundesbank (2013)

Verwaltungsaufwand im gesamten Genossenschaftsverbund um 2,9% auf 14,61 Mrd.€ gestiegen. Bereits in den Vorjahren war der Wert stetig angewachsen. In den Geschäftsberichten wird als Grund für die höheren Aufwendungen die Regulierung genannt.

Die Personalaufwendungen sind trotz sinkender Mitarbeiterzahlen im Laufe der Jahre ebenfalls gestiegen. Im Jahr 2015 beliefen sie sich auf 8,9 Mrd. €, ein Zuwachs von 3,7% im Vergleich zum Vorjahreswert. Der Anteil der Personalkosten, der den Folgen der Regulierung zuzuordnen ist, lässt sich nicht genau erfassen. Die Entwicklung der Personalkosten verdeutlicht jedoch, dass die Genossenschaftsbanken erhöhten Bedarf nach Fachpersonal haben. Je besser ein Mitarbeiter ausgebildet ist, desto teurer ist er für ein Unternehmen.

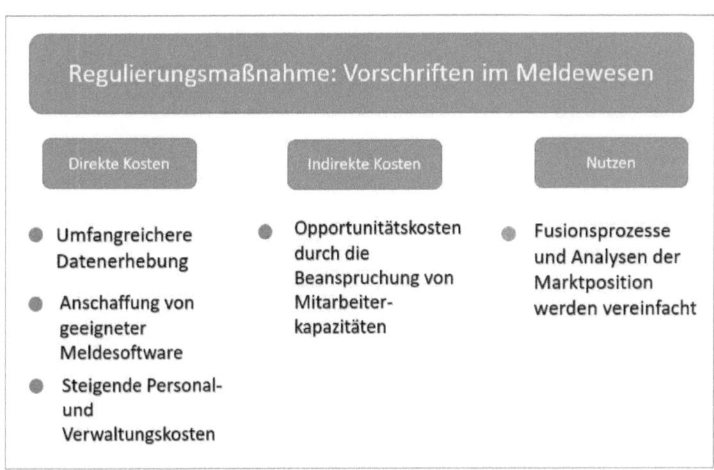

Abbildung 7: Übersicht Meldewesen. Quelle: Eigene Darstellung

Abschließend gilt es die Auswirkungen der gestiegenen Anforderungen an die **Compliance-Funktion** zu analysieren. Durch die Beratungsaufgabe (siehe hierzu 4.5.) der Compliance-Mitarbeiter entstehen den Genossenschaftsbanken bei der Entwicklung neuer Prozesse und Geschäftsfelder zusätzliche Kosten. Compliance-Mitarbeiter müssen in die Entwicklung eingewiesen werden und den Prozess begleiten. Hierdurch werden Mitarbeiterkapazitäten gebunden und es entstehen dem Innovationsprozess direkt zurechenbare Personalkosten. Je kostenintensiver die Entwicklung eines neuen Prozesses ist, desto unattraktiver wird er.

Gleiches gilt für die Sensibilisierung der Mitarbeiter für die unternehmensinterne Compliance-Kultur. Mitarbeiterschulungen, der unternehmensinterne Verhaltenskodex und die Compliance-Intranetseite müssen jederzeit auf dem neuesten Stand sein.[60] Hierdurch werden die Ressourcen der Genossenschaftsbanken beansprucht.

Der Einfluss der Compliance-Abteilung auf die Ausgestaltung des Vergütungssystems hat positive Auswirkungen auf die Geschäftstätigkeit der Genossenschaftsbanken und stiftet den Instituten einen Nutzen. Bei der Vergütung von Mitarbeitern mit Einfluss auf Risikopositionen muss auf ein angemessenes Verhältnis zwischen fixer und variabler Vergütung geachtet werden. Auch zukünftige individuelle negative Erfolgsbeiträge müssen bei der variablen Vergütung beachtet werden. Zukünftig gibt es nicht nur Bonus-, sondern auch Malus-Zahlungen.[61] Dieser Anreiz fördert das gewissenhafte Handeln der Mitarbeiter und senkt damit Risiken in den Genossenschaftsbanken.

Damit Geldwäschetransaktionen und Terrorismusfinanzierung aufgedeckt werden können, müssen die Genossenschaftsbanken interne Kontrollen einrichten. Ihre Kunden müssen in Risikokategorien eingeteilt werden. Die Kategorien unterscheiden Kunden danach, wie hoch die Wahrscheinlichkeit ist, dass diese Geldwäsche betreiben oder Transaktionen durchführen, die den Terrorismus finanzieren. Um die Risikoanalyse betreiben und illegale Transaktionen aufdecken zu können, müssen die Banken ihre Sorgfaltspflichten erfüllen.[62] Bei der Aufnahme der Kundendaten bei einer Neukundenbeziehung muss der Ursprung der Einkünfte des Kunden geklärt werden. Außerdem ist eine laufende Überwachung erforderlich. Hier entsteht neben dem Schutz der Reputation der Genossenschaftsbanken noch ein weiterer Nutzen. Dadurch, dass der Beruf des Kunden, die Einkommenshöhe und andere kundenbezogene Daten in den internen Systemen gespeichert sind, können Vertriebsmitarbeiter finanzielle Lösungsmöglichkeiten für die Kunden leichter erarbeiten.

Der Überwachungsprozess und die nötige Sensibilisierung der Mitarbeiter für das Thema Geldwäsche erfordern jedoch auf der anderen Seite den Einsatz zusätzlicher Ressourcen.

---

[60] Vgl. Inderst (2010) S.655ff.

[61] Vgl. Weber-Rey (2010) S.558

[62] Vgl.Schmitt (2010) S.241

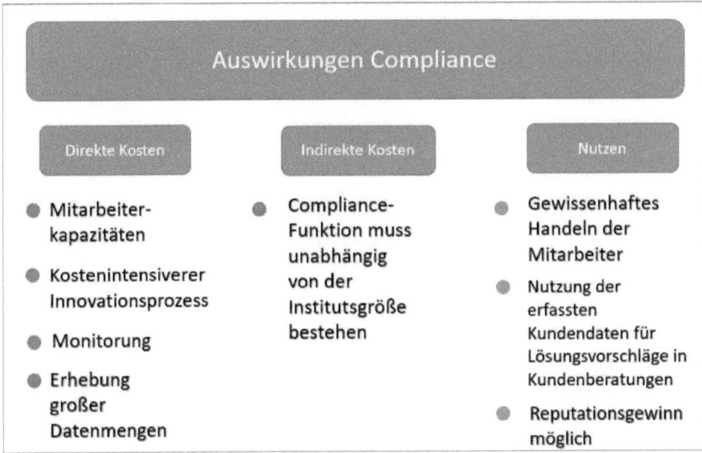

Abbildung 8: Auswirkung Compliance. Quelle: Eigene Darstellung

6 Zusammenfassung und Ausblick

Als Ergebnis der durchgeführten Untersuchung lässt sich festhalten, dass sich die nach der Finanzkrise umgesetzten Regulierungsmaßnahmen überwiegend belastend auf die Geschäftstätigkeit der deutschen Genossenschaftsbanken ausgewirkt haben. Die wenigen positiven Effekte sind dagegen von vergleichsweise geringerem Gewicht und stellen keinen Ausgleich für die negativen Auswirkungen dar.

Bisher ist es den deutschen Genossenschaftsbanken gelungen, den durch die Regulierung ausgelösten Kostendruck durch Rationalisierungsmaßnahmen, Straffung der internen Betriebsabläufe, Anpassung der Organisationsstrukturen und die Generierung neuer Ertragsquellen weitgehend aufzufangen. Die Spielräume für weitere Kostensenkungen sind allerdings begrenzt und weitgehend ausgeschöpft. Behält die EZB ihre Niedrigzinspolitik über längere Zeit bei, bleiben die Margen der Institute auf niedrigem Niveau. Auf der Kostenseite wachsen die Belastungen durch die Notwendigkeit, erhebliche zusätzliche Mittel in den Ausbau ihrer IT-Systeme zu investieren, um konkurrenzfähig zu bleiben. Eine weitere Belastung für die Institute ergibt sich aus der Unsicherheit, welche Ergebnisse die derzeit laufenden Abschlussverhandlungen im Baseler Ausschuss für Bankenaufsicht für die Kreditinstitute bringen werden.

Die kleineren Institute wie die deutschen Genossenschaftsbanken hoffen auf eine differenziertere Betrachtung ihres Bereichs und damit auf eine Lockerung der bisherigen strengen Vorgaben. Berücksichtigt man, dass die deutschen Genossenschaftsbanken einen zu vernachlässigenden Anteil an der Entstehung der Finanzkrise aufweisen, ist es nachvollziehbar, wenn sie anstreben, nicht in gleicher Weise reguliert zu werden wie die großen systemrelevanten Kreditinstitute.[63] Ob ihre Bemühungen Erfolg haben werden, die deutschen und europäischen Vertreter im Baseler Ausschuss für die Durchsetzung der von ihnen angestrebten Ziele zu gewinnen und eine Deregulierung durchzusetzen, bleibt allerdings bis zum Abschluss der Verhandlungen eine offene Frage.

---

[63] Vgl. Genossenschaftsverband Bayern (2016)

Literaturverzeichnis

BaFin (2012a): MaRisk, URL:
https://www.bafin.de/SharedDocs/Veroeffentlichungen/DE/Rundschreib
en/rs_1210_marisk_ba.html (am 01.11.2016 eingesehen)

BaFin (2012b): Neue Regeln für die Anlageberatung, URL:
https://www.bafin.de/SharedDocs/Veroeffentlichungen/DE/Fachartikel/
2012/fa_bj_2012_08_mitarbeiter-_und_beschwerderegister.html (am
01.11.2016 eingesehen)

BaFin (2013): Neue MaRisk für Banken, URL:
https://www.bafin.de/SharedDocs/Veroeffentlichungen/DE/Fachartikel/
2013/fa_bj_2013_03_marisk_ba.html (am 03.11.2016 eingesehen)

BaFin (2016a): Eigenmittelanforderungen an Kreditinstitute, URL:
https://www.bafin.de/DE/Aufsicht/BankenFinanzdienstleister/Eigenmit
telanforderungen/eigenmittelanforderungen_node.html (am 01.11.2016
eingesehen)

BaFin (2016b): Liquiditätsanforderungen, URL:
https://www.bafin.de/DE/Aufsicht/BankenFinanzdienstleister/Liquidita
etsanforderungen/liquiditaetsanforderungen_node.html (am 01.11.2016
eingesehen)

BaFin (2016c): Anzeige- & Meldepflichten, URL:
https://www.bafin.de/DE/Aufsicht/BankenFinanzdienstleister/Anzeige-
Meldepflichten/anzeige-meldepflichten_node.html (am 02.11.2016 eingesehen)

Bannenberg,B./Dierlamm,A.(2010): Korruption, in: Gör-
ling/Inderst/Bannenberg (Hrsg.): Compliance, Frankfurt am
Main/Unterföhring/Gießen, S.221-238

Bartetzky, Peter (2012): Praxis der Gesamtbanksteuerung: Methoden – Lö-
sungen- Anforderungen der Aufsicht, Stuttgart

Boldt, T. / Büll, K. (2013): Die neue MaRisk-Compliance-Funktion, Bank-
VerlagGmbH, Köln, 1.Auflage

Boele, Alfred (1995): Internationalisierung bankwirtschaftlicher Verbundsys-
teme, Dt. Universitäts-Verlag, Dissertation, Wiesbaden

Borrmann/Finsinger (2009): Markt und Regulierung, Vahlens Handbücher der Wirtschafts- und Sozialwissenschaften, München

Bundesbank (o.J. a): Basel II – Die neue Baseler Eigenkapitalvereinbarung (URL:https://www.bundesbank.de/Navigation/DE/Aufgaben/Bankenaufsicht/Basel2/basel2.html (am 01.11.2016 eingesehen)

Bundesbank (o.J. b): Restrukturierungsfonds, URL: https://www.bundesbank.de/Redaktion/DE/Glossareintraege/R/restruk turierungsfonds.html (am 18.11.2016 eingesehen)

Bundesbank (2001): Monatsbericht April 2001, Frankfurt, URL: https://www.bundesbank.de/Redaktion/DE/Downloads/Veroeffentlichu ngen/Monatsberichte/2001/2001_04_monatsbericht.html (am 20.10.2016 eingesehen)

Bundesbank (2013): Großkredit- und Millionenkreditmeldewesen – Meldetechnik, URL: https://www.bundesbank.de/Navigation/DE/Aufgaben/Bankenaufsicht/ Kreditgeschaeft/kreditgeschaeft.html (am 01.11.2016 eingesehen)

Bundesbank (2016): Europäische Aufsichtsbehörden, URL: https://www.bundesbank.de/Redaktion/DE/Glossareintraege/E/europa eische_aufsichtsbehoerden.html (am 15.11.2016 eingesehen)

Bundesverband der Deutschen Volksbanken und Raiffeisenbanken (o.J.): Entwicklung der Volks- und Raiffeisenbanken ab 1970

Bundesverband der Deutschen Volksbanken und Raiffeisenbanken (2009): Geschäftsbericht 2008, URL: https://www.bvr.de/p.nsf/0/19E9BC4F41CF694AC1257D0200499364/ %24FILE/BVR_JB_2008.pdf (am 20.11.2016 eingesehen)

Bundesverband der Deutschen Volksbanken und Raiffeisenbanken (2015): Gutachten im Auftrag des BVR zu den regulatorischen Auswirkungen, erstellt durch Prof.Dr.Andreas Hackethal und Prof. Dr. Roman Inderst, URL: https://www.bvr.de/Presse/Pressemitteilung/BVR_Gutachten_zu_Regulie rungsauswirkun- gen_Kleinere_und_mittlere_Banken_ueberproportional_belastet (am 02.11.2016 eingesehen)

Bundesverband der Deutschen Volksbanken und Raiffeisenbanken (2016): Unsere FinanzGruppe, URL: https://www.bvr.de/Wer_wir_sind/Genossenschaftliche_FinanzGruppe (am 10.11.2016 eingesehen)

Die Bank (2012): Bankenregulierung: Wege aus der Krise, Heft 10/2012, S.14-21

DZ Bank Geschäftsbericht (2009): Brief an die Aktionäre, URL: http://www.geschaeftsbericht.dzbank.de/2009/gb/files/pdf/de/Brief-an-die-Aktionaere.pdf (am 20.11.2016 eingesehen)

Europäische Kommission (2016): Wirtschafts- und Währungsunion URL: http://ec.europa.eu/economy_finance/euro/emu/index_de.htm (am 12.10.2016 eingesehen)

Genossenschaftsverband Bayern (2016): Vorschläge zur Vereinfachung der Regulatorik bei kleinen und mittleren Banken im Rahmen der Überarbeitung der Europäischen Eigenkapitalverordnung und -richtlinie CRR / CRD IV , URL: https://www.gv-bayern.de/standard/artikel/gvb-positionspapier-fuer-mehr-verhaeltnismaessigkeit-7184 (am 22.11.2016 eingesehen)

Göbel, Elisabeth (2002): Neue Institutionenökonomik, Lucius & Lucius, Stuttgart

Grill/ Perczynsky (2007): Wirtschaftslehre des Kreditwesens, Stuttgart

Inderst, C. (2010): Checkliste: Mindestinhalt einer Compliance-Intranetseite & Muster Code of Conduct, in: Görling/Inderst/Bannenberg (Hrsg.): Compliance, Frankfurt am Main/Unterföhring/Gießen, S.655-675

Jensen/Meckling (1976): Theory of the firm: Managerial behaviour, Agency Costs and Ownership Structure, Journal of Financial Economics

Knieps, G. (2008): Wettbewerbsökonomie, Springer Verlag, 3.Auflage, Hamburg

KPMG (2013): Auswirkungen regulatorischer Anforderungen, Studie

Schrey, J. (2010): IT/elektronische Kommunikation, in: Görling/Inderst/Bannenberg (Hrsg.): Compliance, Frankfurt am Main/Unterföhring/Gießen, S.207-220

Schmitt,H.-J.(2010): Geldwäsche, in: Görling/Inderst/Bannenberg (Hrsg.): Compliance, Frankfurt am Main/Unterföhring/Gießen, S.238-253

Schumann, Jochen (1999): Grundzüge der mikroökonomischen Theorie, 9.aktualisierte Auflage, Springer Verlag, Berlin

Theurl, T./ Schweinsberg, A. (2004).: Neue kooperative Ökonomie, Mohr Siebeck, Tübingen

Weber-Rey,D. (2010): Aufsichtsrechtliche Anforderungen, in: Görling/Inderst/Bannenberg (Hrsg.): Compliance, Frankfurt am Main/Unterföhring/Gießen, S.501-640

Zeunert, C. (2010): Dokumentenmanagement, in: Görling/Inderst/Bannenberg (Hrsg.): Compliance, Frankfurt am Main/Unterföhring/Gießen, S.269-284